Mitos y leyendas colombianos / Selección y adaptación Fabio Silva ;
ilustraciones Eric Nieto. -- Santafé de Bogotá : Panamericana Editorial, 1999.

112 p. : il. ; 21 cm. -- (Biblioteca Panamericana de temas colombianos)

ISBN 978-958-30-0372-1

1. Mitología colombiana 2. Leyendas colombianas I. Nieto, Eric, il. II.
Silva, Fabio, com. III. Serie
398.209861 cd 19 ed.
AGP4410

CEP-Banco de la República-Biblioteca Luis-Ángel Arango

MITOS Y LEYENDAS COLOMBIANOS

MITOS Y LEYENDAS COLOMBIANOS

Selección y adaptación
Fabio Silva

PANAMERICANA
EDITORIAL
Colombia • México • Perú

Decimonovena reimpresión, marzo de 2018
Primera edición en Panamericana Editorial Ltda.,
marzo de 1999
© Panamericana Editorial Ltda.
Calle 12 No. 34-30, Tel.: (57 1) 3649000
www.panamericanaeditorial.com
Tienda virtual: www.panamericana.com.co
Bogotá D. C., Colombia

Editor
Panamericana Editorial Ltda.
Selección y adaptación
Fabio Silva Vallejo
Ilustraciones
Eric Nieto
Diagramación
Catalina Schroeder Torres
Diseño de carátula
Mauricio Melo González

ISBN 978-958-30-0372-1

Impreso por Panamericana Formas e Impresos S. A.
Calle 65 No. 95-28, Tels.: (57 1) 4302110 - 4300355
Fax: (57 1) 2763008
Bogotá D. C., Colombia
Quien solo actúa como impresor.
Impreso en Colombia - *Printed in Colombia*

Contenido

Procura tú que tus coplas
vayan al pueblo a parar,
aunque dejen de ser tuyas
para ser de los demás.
Que al fundir el corazón
con el alma popular,
lo que se pierde de nombre,
se gana de eternidad.

Manuel Machado

Introducción

A quién que haya estado al calor de una hoguera, en medio del campo, no le han contado que por allá donde da la vuelta el río se le apareció a alguien la mismísima *Patasola* o el *Poiras* o el *Patetarro*. O quién no ha sufrido un pequeño escalofrío cuando le cuentan las historias de la *Llorona* o de la *Colmillona*. Quién no ha oído hablar de leyendas o de mitos en alguna parte de nuestra Colombia.

Decía algún campesino que un pueblo sin relatos es como una sopa sin sustancia. Refiriéndose a lo mismo, el investigador francés Roland Barthes decía que las narraciones populares son tan antiguas como la humanidad y que no hay pueblo que no haya inventado un sistema de narraciones que de una u otra manera expliquen y den sentido a su idiosincrasia.

Como narraciones populares, los mitos y las leyendas han existido a lo largo de la historia de la humanidad. El hombre, desde el mismo momento en que tuvo capacidad de comunicar, comenzó a contar relatos. En muchos casos estos relatos dieron origen a la literatura, a la ciencia, a la cultura y son mucho más que formas del folclor local. Investigadores y antropólogos especialistas en el tema, han terminado por incluir la leyenda, el mito, el cuento y la poesía tradicionales, entre otros, en el género de las *narrativas populares*.

Pero es necesario aclarar que la función que cumplen el mito y la leyenda está determinada por la diferencia que existe entre los dos; si bien hacen parte de un mismo género, difieren en su propósito.

En palabras del profesor Guillermo Abadía, las leyendas "son narraciones que tienen un principio en recuerdos históricos o en hazañas, pero a las que se les agregan fantasías y habladurías populares". Así, la leyenda siempre ha surgido del saber popular, de la cultura popular. Lo popular, dice el historiador Mauricio Archila, "...es lo que corresponde al elemento demográfico mayoritario en toda sociedad". La leyenda, como parte de dichas expresiones, tiene su origen o bien en la simple necesidad del hombre de crear constantemente, o en la necesidad de mantener vivos ciertos acontecimientos en la memoria colectiva. Las diferentes leyendas que existen en el país son el producto de su mismo desarrollo histórico. Procesos como la colonización española dieron origen a leyendas como *La Madre de agua* y *El farol de las nieves*, entre otras; el sincretismo religioso produjo leyendas como *La Tunda* y *El fraile*; el pensamiento campesino, creó leyendas como *El hombre caimán*, *La madremonte*, *La Matraca*, *la mula de tres patas*, *El Patetarro* y *La Patasola*; la formación de las ciudades generó leyendas como *Marcia y el mulato*, etc.

Si bien la leyenda es el producto de la necesidad del hombre de registrar constantemente sus acciones, carece, culturalmente hablando, del carácter fundacional del mito. Mientras la leyenda hace parte de un elemento de la cultura, el mito es la cultura misma, es el que la rige. Dice el antropólogo Mircea Eliade: "El mito cuenta una historia sagrada, relata un acontecimiento que ha tenido lugar en el tiempo primordial, el tiempo fabuloso de los comienzos. El mito cuenta cómo, gracias a las hazañas de los seres sobrenaturales, una realidad ha venido a la existencia, sea esta la realidad total, el cosmos o solamente una isla, una especie vegetal, un comportamiento humano o una institución".

Como se puede apreciar, el mito no es el producto de un proceso sincrético o casual. El mito es el saber de la cultura que mantiene en armonía las fuerzas naturales con la comunidad. La leyenda, por su parte, es un elemento más de la cultura popular, del cual se puede prescindir en un momento dado sin que la cultura en general sufra algún cambio que altere sus estructuras más importantes. Por el contrario, sin el mito, muchos grupos desaparecerían históricamente hablando. Es el caso de muchas culturas prehispánicas, que perdieron su sistema mitológico.

Al respecto, dice el antropólogo B. Malinowsky: "El mito, tal como existe en una comunidad indígena, no es únicamente una narración que se cuenta, sino una realidad que se vive. No es de la naturaleza de la ficción, del modo como podemos leer hoy una novela, sino que es una realidad viva que se sabe aconteció una vez en los tiempos más remotos y que desde entonces ha venido influyendo en el mundo y en los destinos humanos".

Así, mito y leyenda se presentan como dos caras complementarias de una forma cultural presente en la realidad cotidiana de los pueblos. La selección que se presenta a continuación pretende brindar un panorama que ayude a comprender y disfrutar de la complejidad de parte de nuestra historia.

Fabio Silva

MITOS Y LEYENDAS DE LA ZONA ANDINA

El origen de los chibchas

Mito muisca

En el principio no había nada distinto a una luz que iba creciendo lentamente, iluminando la Tierra poco a poco. Cuando ya estuvo muy en alto, la luz creó cuatro grandes aves. Éstas tenían la misión de volar por todas partes, creando el aire, las plantas y todo lo que existe. La luz, que se llamaba Chiminiguagua, después de crearlo todo, dijo:

—Esto está muy desolado, alguien debería ocuparlo.

Entonces, de la laguna de Iguaque, que queda en una montaña muy alta, Chiminiguagua hizo salir una hermosa mujer que de su mano llevaba un niño. Bajaron y construyeron una pequeña choza, en lo que hoy es el pueblo de Iguaque; cuando el muchacho creció, se unieron en matrimonio y tuvieron tantos hijos que poblaron toda la Tierra.

Mucho tiempo después, cuando la Tierra estuvo repleta de hombres y mujeres, la pareja volvió a la laguna de donde habían salido, seguidos por muchos hombres que escucharon sus últimas recomendaciones sobre la paz y el amor. Lentamente, los dos ancianos se convirtieron en dos grandes serpientes que, ante la mirada sorprendida y triste de todos, se fueron arrastrando hacia la laguna, perdiéndose en sus profundas y misteriosas aguas.

Historia de las esmeraldas

Mito muisca

Cuenta la historia que en cierta ocasión la princesa Iruya, hija del cacique Menquetá, paseaba desprevenida por el bosque, cuando fue sorprendida por un tigre; la indefensa princesa no podía hacer otra cosa que gritar y pedir auxilio. El indio Teuso, que estaba cerca, al escuchar gritos lastimosos, corrió a salvar a la princesa. Con sus poderosas flechas ahuyentó al animal. Iruya se arrojó en sus brazos casi desmayada y en ese instante los jóvenes se enamoraron. Cuando Iruya regresó, contó al cacique lo sucedido. Menquetá, que esperaba que su hija contrajera matrimonio con otro príncipe, le dijo a Iruya que si Teuso quería desposarla, debía traerle algo más bello que el oro.

Teuso, al saber del deseo del cacique Menquetá, emprendió una larga marcha. Caminó días y noches y ya cuando estaba a punto de desfallecer, se detuvo a descansar y se quedó dormido. Al despertar, descubrió que estaba acostado sobre hermosas piedras verdes de todas las tonalidades. Teuso tomó algunas de ellas y regresó en busca de su amada. Menquetá, al ver tan preciosas piedras, no tuvo más opción que entregar su hija Iruya como esposa al valiente Teuso.

Fura Tena

Mito muisca

A unos cuantos kilómetros de Muzo, en el departamento de Boyacá, hay dos cerros de formas extrañas, llamados el Fura Tena. Cuentan que mucho antes de que los españoles llegaran, los muiscas, después de remontar los ríos que más tarde se llamaron el Magdalena y el Carare, buscaban un lugar para establecerse. Llegaron hasta esta zona y cuando pasaban por el cerro, vieron a una bellísima india, envuelta en blancas vestiduras, que sostenía un niño entre sus brazos. Con señas y ademanes, ella los invitó a que se establecieran en ese fértil valle.

Fura Tena, que significa "mujer encumbrada", se convirtió en el sitio de adoración de los muiscas. En retribución, ellos ofrecieron siempre gran cantidad de esmeraldas, por haberles ofrecido el frondoso valle. Aunque los muzos, tribu guerrera, más tarde expulsaron de allí a los muiscas, éstos siguieron rindiendo homenaje a la mujer de Fura Tena.

Nacimiento del salto del Tequendama

Mito muisca

Hubo entre los chibchas un gran dios llamado Chiminigua-gua. Él envió varios representantes para que guiaran al pueblo, entre ellos, Chibchacum, encargado de orientar a los mercaderes. Como Chibchacum era muy estricto con los castigos que imponía, los indios comenzaron a hablar mal de él y a desobedecerle, lo que le enfureció tanto, que hizo desbordar los ríos. Entonces, se inundaron todas las tierras y las sementeras, y todos los habitantes tuvieron que emigrar a las montañas. Pero un día apareció un gran hombre, de pelo cano y abundante barba: era Bochica, el enviado de Chiminiguagua para salvar a los indios que habitaban en las tierras inundadas.

Bochica caminó hacia la región del Tequendama y al pasar por allí, divisó una gran roca. Entonces lanzó su vara de oro que al estrellarse contra la roca, la partió en dos, formándose una gran caída de agua. Fue así como Bochica dio nacimiento al salto del Tequendama.

Poco a poco, las tierras se secaron, los campos volvieron a producir y los hombres bajaron de las montañas para vivir en los valles. En castigo, Bochica mandó a Chibchacum a que cargara el mundo, que antes estaba sostenido por cuatro palos de guayacán. Cuando Chibchacum se cansa, mueve la Tierra, produciendo los temblores y terremotos.

El cacique Tundama

Leyenda muisca

Hacia el año 1530, los españoles comenzaron a remontar el curso del río Magdalena, pues habían oído hablar de un gran tesoro, llamado El Dorado. Fue así como llegaron a las tierras de Duitama.

Sin embargo, estas tierras no estaban desoladas; vivía en Duitama un gran cacique llamado Tundama. Él era reconocido por los chibchas, como hombre justo, valiente y estricto. Él, al igual que todos los jefes chibchas, había oído de aquellos hombres extraños que montaban misteriosas bestias y que buscaban las piedras doradas y verdes que ellos poseían. Tundama había decidido que no se rendiría facilmente, pues estaba dispuesto a luchar hasta el final y vencerlos.

—Cacique, debemos rendirnos. Ellos tienen extrañas armas que vomitan fuego y montan extrañas bestias que comen metal —le suplicó un indio chibcha que dócilmente se había unido a los españoles, al mando de Gonzalo Jiménez de Quesada y que había sido enviado como mensajero. Tundama lo miró con rabia, sacó un cuchillo y de un tajo le cortó una oreja y poniéndosela en la mano, le dijo:

—Toma, llévala al blanco y dile que al que se atreva a venir por aquí, le haré esto y mucho más.

El indígena corrió hasta donde estaban los españoles y mostrándoles lo que Tundama le había hecho, entregó el mensaje. Pero los españoles, no se intimidaron con el ejemplo y continuaron acercándose al territorio de Tundama. Cuando ya estaban muy cerca de Duitama, les llegó un mensaje del cacique.

—Jefe blanco, el cacique no quiere combatir y por eso le manda a decir que espere aquí porque le mandará ocho cargas de oro con sus hombres —le dijo un indígena a Gonzalo Jiménez de Quesada que, pensando en lo poco astutos que eran lo indígenas, ordenó que sus hombres montaran un campamento.

Pero, mientras los españoles esperaban la maravillosa carga, los chibchas se trasladaban desde Duitama hacia un lugar secreto. Y cuando ya los hombres de Quesada se cansaron de esperar, decidieron ir en busca del cacique Tundama, pero encontraron a Duitama completamente desocupada.

Madre de agua

Leyenda antioqueña

Esta leyenda de los departamentos de Antioquia y Tolima cuenta la trágica historia de una bella joven de origen español, de ojos azules y cabello dorado. Su padre, un importante jefe español, había apresado a un principe indígena al que azotaba constantemente para que revelara dónde escondía sus tesoros.

La joven, al ver al bello príncipe, se enamoró de él y le ayudó a escapar. Los dos corrieron hacia el interior de la selva, y se escondieron en la choza de un amigo; con el paso del tiempo tuvieron un hijo. Un día, una antigua enamorada del príncipe, envidiosa de la unión, reveló al padre de la joven el secreto de dónde estaban escondidos.

Entonces, el español apresó a la familia; al niño lo arrojó a un río, al padre lo decapitó y dejó libre a la joven. Sin embargo, al ver tanta desgracia, ella enloqueció, se arrojó al río y se ahogó. Desde ese día, sale a la superficie, en busca de su hijo, entonando un arrullo.

La mula de tres patas

Leyenda antioqueña

En las noches de tormenta, en muchos pueblos de Antioquia, la gente se cuida de encontrarse con la mula de tres patas. Sus pisadas resuenan en las calles empedradas, y por eso los habitantes creen que se trata de arrieros que se acercan, pero cuando abren las puertas de sus casas para que pasen a tomarse un trago o un café, no ven sino a la mula de tres patas que se aleja lentamente.

El por qué a la mula le falta una pata, es todo un misterio. Hay varias versiones. Una dice que hace muchos años un arriero llevaba por un peligroso sendero una pesada carga de piedras preciosas para la capital. Al llegar a un paso estrecho, la mula perdió el equilibrio y tiró la carga a la profundidad del abismo; el arriero se enojó tanto, que emprendió a machetazos contra la pobre mula, que al perder una pata, rodó por el abismo. Desde ese día anda vagando por los caminos de Antioquia.

Otra versión dice que hace mucho tiempo un hombre iba con su mula por un sendero solitario cuando, de pronto, fueron atacados por una jauría de perros salvajes; la mula, al ver que atacaban a su amo, se puso a dar coces, con tan mala suerte, que uno de los lobos le desprendió una pata de un mordisco. Aun así, la mula alcanzó a librarse de todos los perros y se quedó velando a su amo muerto. Desde ese entoces, recorre los caminos en busca de su amo.

La Colmillona y la Muelona

Leyenda antioqueña

Para muchos, la Colmillona y la Muelona son la misma mujer. Pero los campesinos antioqueños saben muy bien que en realidad se trata de dos mujeres muy diferentes.

La colmillona aparece principalmente en Antioquia. No se sabe por qué tiene los colmillos tan grandes; no hace ningún daño, pero por su aspecto terrorífico los hombres tratan de evitarla. Dicen los campesinos, que al anochecer, cuando llegan de trabajar, prenden una hoguera para hacer arepas, carne y café, y que cuando están entretenidos hablando, la Colmillona aparece, sirve un pocillo de café, se roba una arepa, y se va sin decir o hacer nada.

La Muelona, en cambio, es una mujer mala. Dicen que en tiempos de la Colonia una gitana llegó a nuestro país, abrió una casa de juegos y bebida, y con eso trajo la perdición a muchos de nuestros pueblos.

Era una hermosa mujer, con una fina y deslumbrante dentadura. Un buen día apareció muerta en su casa y las mujeres del pueblo aprovecharon la ocasión para entrar a la casa y robarle todas sus cosas. De pronto se escuchó su voz diciendo:

—Desde hoy me voy a vengar de las mujeres y hombres andariegos por haberme llevado a la muerte.

Las mujeres, muertas del susto, salieron corriendo a contar lo sucedido. Los hombres quemaron la casa, pero a los pocos días, muchos decían haberla visto mostrando su espléndida sonrisa, razón por la cual comenzaron a llamarla así. Y hubo gente que contaba haberla visto devorando a los hombres que podía atraer con su fascinante sonrisa.

El Patetarro

Leyenda antioqueña

A parece en las zonas mineras de Antioquia y Cundinamarca, aunque también dicen haberlo visto en el Chocó. Su cuerpo es descomunalmente grande y peludo, y una de sus piernas termina en una especie de balde de guadua, que arrastra estruendosamente mientras ríe a carcajadas que presagian muchas calamidades.

En la vasija de guadua, el Patetarro almacena un líquido pestilente; algunos dicen que allí guarda sus propios excrementos, para luego arrojarlos a los sembradíos; en poco tiempo nacen gusanos y plagas que acaban con todos los cultivos.

La historia dice que el patetarro acostumbraba entrar todas las noches a las fincas para robarse las gallinas. Los dueños de las fincas pensaban que se trataba de un tigre o un perro salvaje y una noche esperaron a que llegara el animal para cazarlo; estuvieron un buen rato y cuando ya la noche estaba bien oscura, oyeron el alboroto de las gallinas, corrieron a capturar el animal, pero del gallinero salió un hombre que, del afán, metió un pie en el balde del estiércol y salió corriendo. Fue así como desde entonces en venganza deambula por el campo arruinando las cosechas.

El Comegente

Leyenda antioqueña

El Comegente es una leyenda exclusiva de Antioquia. Aunque cobró muchas víctimas, nunca se supo de alguien que lo hubiera visto. Sin embargo, todos dicen que era un hombre grande y corpulento, que iba desnudo por el bosque, pero al acercarse a una casa, se convertía en un hombre normal y pedía posada. Al amanecer desaparecía con uno de los niños de la casa y nunca más volvía a saberse de él.

Dicen los campesinos que en cierta ocasión, un grupo de hombres decidieron capturar al Comegente. Buscaron por todas partes, pero no encontraron ni rastro de él, ni de sus víctimas. Cuando ya los hombres estaban a punto desistir de la búsqueda, encontraron una cabaña en la que había gran cantidad de huesos y un gran cuchillo. Se dice que desde ese día el Comegente no volvió a Anorí, el pueblo en que más se había amañado.

El Hojarasquín del monte

Este extraño y particular personaje parece pariente de la Madremonte. Aparece en las zonas selváticas y en las cordilleras. Los campesinos lo ven de varias formas; en una de ellas, no está cubierto de pelo sino de musgo y ramitas que cuelgan, y su cuerpo es un tronco viejo a cuyo pie nacen dos horribles pezuñas.

El Hojarasquín asusta a los taladores de árboles. Éstos lo confunden con un tronco viejo y al intentar cortarlo con el hacha, él sale corriendo, haciendo que los taladores se alejen del lugar. Pero a veces sirve de guía; cuando encuentra a algún explorador perdido, le ayuda a encontrar el camino. Dicen que también ayuda a los venados y dantas, despistando a los cazadores pues deja sus huellas en sentido contrario a la de los animales, cuando algún cazador aparece en la zona.

La Matraca

Leyenda tolimense

Esta es una antigua leyenda del Tolima y Antioquia. Cuando los hombres salen muy tarde de sus casas en el campo, por los encumbrados y solitarios caminos de las cordilleras, se les aparecen en distintos momentos cuatro chivos que finalmente se reúnen en algún lugar del camino. Al principio los hombres creen que se trata de algún animal perdido, pero cuando los chivos se reúnen y forman parejas aparece un ataúd que lentamente se dirige hacia la persona que los ha visto.

Los hombres entonces corren despavoridos a pie, porque si van en mula o caballo, éstos se quedan petrificados y no hay ningún poder que los haga moverse.

El por qué le dicen Matraca a la aparición es un misterio, ya que el origen de esta leyenda se remota a épocas muy antiguas y muy pocas personas saben la historia. Hay quienes dicen que la misma Viuda Negra se transporta en el ataúd de los chivos y que si logra alcanzar a la víctima, ésta termina en el ataúd con la viuda y ya atrapado el hombre, lo conduce al cementerio donde lo entierra en una bóveda hasta que muere.

El farol de las Nieves

Leyenda tunjana

Hace mucho tiempo, en Tunja, vivía hombre de mucho dinero que se distinguía por su gusto por las riñas y las peleas. Entre las pocas cosas buenas que tenía, estaba su hermosa hija, a la cual trataba con desprecio y crueldad.

La joven estaba enamorada de un apuesto muchacho y el padre, sospechando de los amores de su hija, esperó una noche a que el pretendiente fuera a visitarla y lo atacó con su espada. Para su desgracia, el joven era diestro en armas, y le hirió en un brazo, lo que le obligó a guardar cama por muchos días; mientras tanto, el amor de la pareja crecía y como no podían ya vivir separados, decidieron casarse, a escondidas del malvado padre.

El hombre, que ya se había dado cuenta de las intenciones de la pareja, estuvo atento al momento de la boda. Pero los novios urdieron un plan para que el padre de la joven no se diera cuenta: al amanecer, él pasaría con un farol cerca de su casa; ésa sería la señal para que ella saliera.

Cuando ya estuvieron juntos, fueron rápidamente a la iglesia de las Nieves, pero cuando el sacerdote los estaba casando, apareció el hombre que, sin darle al joven la oportunidad de defenderse, lo atravesó con su espada, tomó a su hija y a empujones la llevó a su casa. Allí construyó un muro y la encerró en él.

Años más tarde, fue encontrado el cuerpo de la joven con el vestido de novia intacto. Dicen los tunjanos que hay noches en que se puede ver el farol entrando en la Catedral o paseándose por las oscuras y frías calles de Tunja, en busca de la hermosa novia.

La Llorona

Leyenda

Sobre la Llorona hay varias versiones. Aparece en diferentes zonas del país y es el terror en muchas regiones de Tolima, Huila, Antioquia y Cundinamarca. Aunque no hace daño, sus alaridos y gemidos son escalofriantes; su cuerpo es esquelético, al igual que su cara.

El porqué se la pasa llorando, se explica de muchas maneras. Unos dicen que era una joven de muy buena familia, pero que se enamoró de uno de los trabajadores de la finca de su padre; como la familia rechazaba esta relación, ellos decidieron fugarse, pero fueron descubiertos por los hombres de su padre, que mataron a su joven amante; para ese entonces la muchacha ya estaba esperando un hijo; por esa razón fue llevada de vuelta a la casa partena, donde la encerraron.

Poco después, dio a luz un niño y, para que nadie se lo quitara, la joven escapó con él en sus brazos, pero no se percató de que el niño había nacido muerto. Por eso, la mujer llora su desgracia.

Los campesinos dicen que la Llorona se les aparece a los infieles y a los borrachos. Cuando un hombre sale a visitar a una mujer que no sea su esposa o su novia o cuando ha tomado mucho, se le aparece, dando fuertes alaridos y lo espanta, mientras lleva en brazos a su hijo muerto.

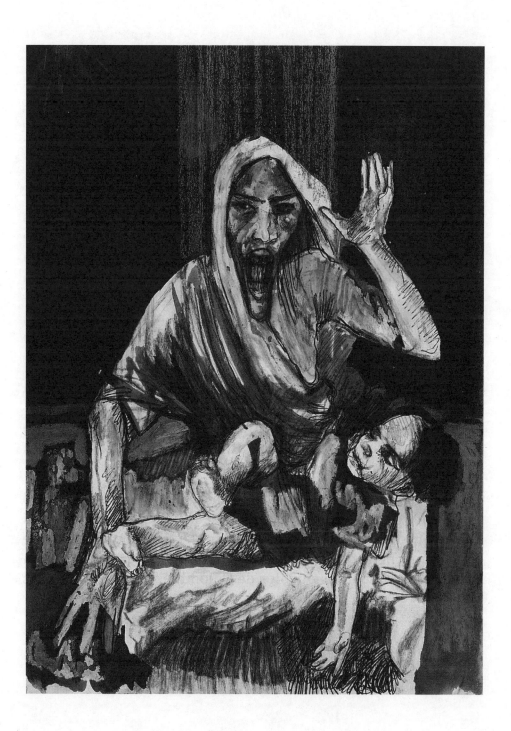

La Patasola

Leyenda

De las leyendas del interior del país, tal vez ésta es la más conocida. Todos los contadores de leyendas están de acuerdo en que el origen de la Patasola tuvo que ver con una traición amorosa, pues cuentan que una bella mujer estaba casada con un campesino muy trabajador, que se la pasaba vendiendo las cosechas de su patrón en otros pueblos. El patrón, aprovechando la ausencia del marido, le coqueteaba y ella no era indiferente a sus piropos y regalos.

Los vecinos se dieron cuenta y un buen día contaron todo al campesino. A la mañana siguiente, el labrador hizo como si saliera a vender la cosecha fuera del pueblo y esperó escondido cerca de la casa. Al anochecer, entró súbitamente y encontró a los amantes abrazados en la cama.

Lleno de ira, el campesino desenvainó su machete y se arrojó sobre ellos; fue poco lo que pudo hacer el patrón, porque ahí mismo quedó tendido; en cambio, la mujer perdió una pierna de un solo machetazo y quedó allí abandonada. Desde ese día, la Patasola ronda por los pueblos de Colombia, vengándose de los hombres.

MITOS Y LEYENDAS
DE LA
ZONA ATLÁNTICA

La tentación de Kimaku

Mito kogui

Kimaku fue el primer hombre. Caminó por todas partes, creando las plantas, los ríos, el mar y todo lo que hay en la Tierra. Pero un día, apareció un espíritu malo y dejó una mujer en su camino. Kimaku pasó, la miró y siguió de largo; más adelante encontró otra y otra, y así aparecían mujeres por todo el camino, pero Kimaku pasaba sin prestarles atención.

Al regresar, descubrió que las mujeres se habían convertido en feroces fieras, de las que tuvo que huir. Si Kimaku hubiera accedido a irse con alguna de ellas, lo hubieran devorado, porque eso era lo que querían los espíritus malos.

Más adelante, encontró una bella mujer que trabajaba en su huerto. Kimaku pasó y ella no le prestó atención. Entonces, se devolvió y empezó a conquistarla con bromas y chistes pues sabía que ella sí era buena y que había venido para convertirse en su esposa. Con el tiempo Kimaku y su bella compañera poblaron toda la Sierra Nevada.

El hijo de Pushaina

Mito Wayú

Esta historia ocurrió en las calurosa tierras de la Guajira.

Hace mucho tiempo, un indio llamado Pushaina tenía un hermoso hijo que estaba destinado a ser el jefe de los indios guajiros. El padre no hacía otra cosa que educarlo y trabajar para él. Una mañana, el niño amaneció muy enfermo. Pushaina buscó el mejor curandero de la tribu, que después de rezarle y darle de beber muchas fórmulas, exclamó:

—Tu hijo sólo se curará con el pelo hervido de la Chama.

Pushaina nunca pensó en que algún día se enfrentaría a la Chama. Ella era una mujer vieja, con poderes sobrenaturales: podía transformar su horrible cara en la de una bella joven para engañar a los hombres y devorarlos. La Chama vivía entre las rocas de las partes altas de la sierra, por lo tanto era muy difícil llegar hasta allí sin ser visto por ella. La única forma de quitarle un mechón, era cortárselo mientras dormía.

Cuando ya Pushaina iba a partir, el viejo sabio le dijo:

—Sé que tu hijo será el futuro jefe de los guajiros. Por eso he de confiarte un secreto para que puedas cortarle un poco de pelo a la Chama. Cuando estés cerca de la sierra, piensa en un ave y aprieta esta piedra sagrada que te convertirá en aquello que hayas pensado. Pero la magia no sirve sino para una sola vez; si fallas, tendrás que enfrentarte tú solo a la Chama.

Pushaina puso atención a las palabras del viejo, cogió la piedra, la metió en su mochila y luego partió. Después de mucho caminar, llegó a la sierra, pero cuando iba a comenzar a trepar por las encumbradas montañas, una bella mujer se le apareció.

—¿De dónde sales, hermosa mujer? —preguntó Pushaina a la mujer, que le hacía señas para que la siguiera.

Pushaina no pensó en su hijo enfermo y como hipnotizado, siguió a la joven hasta una oscura cueva.

—Espera un momento —dijo la bella joven, mientras salía de la cueva. Pushaina volvió a acordarse por un momento de su hijo y salió a mirar hacia dónde se había ido la mujer. Desde ahí no veía a otra persona que a la Chama, recogiendo palos y hojas secas. Ella lo había engañado, convirtiéndose en una hermosa joven para llevarlo a la cueva y comérselo. Pero cuando la bruja regresó, convertida de nuevo en hermosa mujer, Pushaina sacó la piedra de su mochila y la apretó con fuerza; de inmediato se convirtió en una tórtola que voló hasta una piedra. La Chama buscó a Pushaina por todas partes, pero su presa había escapado. Encolerizada, se tiró al suelo a gruñir como un marrano. La tórtola esperó un momento y cuando la bruja se calmó, bajó y se posó suavemente en su hombro.

La chama, que no imaginaba nada, no prestó atención al ave que le daba picotazos en su larga cabellera. Se fue quedando dormida mientras Pushaina recogía todo el pelo que necesitaba. Cuando la bruja despertó, se dio cuenta de que le habían cortado el pelo, pero ya no podía hacer nada.

Pushaina voló hasta su tribu y llegó con el cabello de la Chama colgando en su pico. De esta manera pudo salvar la vida de su pequeño hijo que, años más tarde, se covirtió en un gran jefe guajiro.

Worunka

Mito Wayú

Hace mucho tiempo, el gran jefe Mareiwa escogió a dos guajiros para que sembraran los campos. A uno le dio unas semillas y crecieron tumas. A la otra, a Worunka, le dio las demás semillas. Ella las sembró por toda la Guajira y así fue como apareció la mata del maíz, con el que aprendieron a hacer chicha. Algunos hombres lo dejaron fermentar por mucho tiempo y en una de sus fiestas se emborracharon hasta perder el sentido, sin recordar que cuando Worunka trajo la semilla les habia dicho:

—Si abusan de los frutos, el gran Mareiwa se enojará y nos mandará un castigo.

Pero los hombres no tuvieron en cuenta esa advertencia. Fue tanta la borrachera, que cuando llegó Mareiwa para mirar cómo se comportaban los guajiros, no lo reconocieron, y hablándole tonterias, lo invitaron a seguir tomando chicha. Mareiwa se enojó tanto que mandó un gran sol a la península secando las tumas y todas las demás semillas. Desde ese día, el calor no deja crecer nada, y el hambre y la sed son el castigo por la desobediencia de los hombres.

Namaku, el hombre tigre

Mito kogui

Namaku era un hombre muy temido entre los indios kogui. Cuando bajaba de la sierra al poblado, los hombres debían esconder a sus mujeres, porque Namaku las robaba.

Un día, exasperados por el abuso, le pidieron al sabio, que ellos llamaban Mama, que hiciera algo para solucionar ese problema. El Mama se encerró en su cabaña y oró toda la noche. Muy de mañana, contó que ya tenía la solución y que cuando regresara Namaku, podrían ver lo que haría.

Esa tarde, corrió el rumor de que Namaku bajaba furioso, porque había escuchado que lo estaban rezando. Los hombres escondieron a sus mujeres como siempre lo hacían y esperaron ansiosos su llegada. A lo lejos veían a Namaku descender de la sierra, pero cuando fue a entrar al poblado, misteriosamente se convirtió en tigre. Los indios al verlo corrieron a cazarlo, pues su piel era muy buena para calentar en las frías noches; pero cuando el tigre comenzó a trepar por la fría sierra, otra vez apareció Namaku; entonces, los hombres corrieron asustados hacia el pueblo y cuando entraron en él, Namaku se convirtió de nuevo en tigre. Los hombres, comprendieron que el Mama había eliminado el peligro del raptor de mujeres, pero que ahora deberían cuidarse del tigre y éste, a su vez, de los cazadores.

El hombre caimán

Leyenda del Magdalena

Esta famosa historia tiene sus orígenes en Plato, pueblo del departamento del Magdalena. Saúl Montenegro, un hombre muy enamoradizo, buscaba siempre la oportunidad de ver a las mujeres cuando se bañaban en el río Magdalena. Llegó a tanto, que un día marchó a la Guajira, en busca de un brujo, que finalmente le entregó dos pócimas mágicas.

De regreso a Plato, Saúl invitó a uno de sus amigos para probar las pócimas. Una era un líquido que lo convertiría en caimán y la otra, lo volvería a la normalidad. Saúl se metió al agua y su amigo le roció el líquido de la primera botella; Saúl se sumergió y al poco rato salió convertido en caimán; su amigo, espantado, dejó caer la segunda botella, con tan mala suerte, que el líquido se derramó y sólo unas pocas gotas cayeron en la cabeza del caimán y el resto se perdió en el agua. Desde ese día, Saúl tiene la cabeza de hombre y el cuerpo de caimán.

La Mojana

Leyenda cartagenera

Esta leyenda tiene su origen en la Cartagena de la Colonia. Allí vivía una mujer de la nobleza con su esposo y su hermoso hijo, en una casa muy grande en la plaza central de Cartagena.

La mujer no atendía a su marido por dedicar todo el tiempo a su hijo, al que adoraba. Un día, el marido, al verse rechazado, no aguantó más y mató a su hermosa esposa. Cuando la mujer gritó, el niño, que estaba sentado en un pozo, perdió el equilibrio y se perdió en la profundidad.

Desde ese día en la mayoría de las casas coloniales que aún conservan un pozo, aparece la figura de la mujer con una peineta de hueso en la mano, que resplandece al pasarla por sus dorados cabellos. Los niños al verla, quedan como hipnotizados y caminan hacia ella, que al descubrir que no se trata de su hijo, los arroja al pozo.

MITOS Y LEYENDAS DE LOS LLANOS Y LA AMAZONÍA

Historia del Sol y la Luna

Mito tikuna

Cuentan los indios tikunas, que al principio del universo el Sol y la Luna eran hermanos y vivían juntos. La Luna le daba sombra a su hermano Sol y Sol le daba calor a su hermana Luna. Así vivieron mucho tiempo sin disgustarse por nada, hasta que un día aparecieron los hombres, los animales y todos los seres vivos. Sol, que era muy bromista, le pidió a Luna que apostaran al que tuviera más fuerza: el que hiciera más daño a los hombres, sería el ganador. El primer turno le correspondió a Luna, que se movió de un lado a otro e hizo que los ríos se desbordaran, provocó ventarrones que arrasaron con todo, dañó cultivos y tumbó malocas. Cuando creyó que ya era suficiente, se tranquilizó y todo volvió a la normalidad.

Sol, al ver de lo que era capaz su hermana, alumbró con fuerza. En poco tiempo, los ríos se secaron, los bosques se incendiaron, hombres y animales murieron de sed, las plantas se marchitaron y toda la tierra se fue convirtiendo en un desierto. Luna, al ver la fortaleza de su hermano, le rogó que se calmara, pues ya se sabía que él era el indudable ganador. Pero Sol quería demostrar toda su fuerza y así siguió por mucho tiempo.

Luna, que no podía hacer mucho, hizo llover en un pequeño lugar y por eso sólo se salvaron unos pocos hombres, plantas y animales. Desde ese día, Sol y Luna se pelearon, separándose para siempre. Y para no volver a verse jamás, uno sale de día y la otra de noche.

El niño y los truenos

Mito tikuna

En un principio, no había nada, sólo lluvias y truenos. El Sol no podía salir porque los truenos lo tenían atemorizado. En la Tierra el primer niño habitaba solitario y temeroso: al igual que el Sol, tenía miedo de los truenos.

Todos los días, se subía a un árbol grande para ver ese pequeño punto que se asomaba al otro lado del Amazonas. Aunque era minúsculo, brillaba intensamente, y con sólo verlo se olvidaba de tanta lluvia.

Una mañana, decidió ir a hablar con esa hermosa lucecilla. Caminó durante muchas noches y el trueno, que ya se había dado cuenta para dónde iba el valiente niño, le lanzaba fuertes rayos, que lo hacían detenerse. Una noche en que ya empezaba a desfallecer en su intento, vio dos pequeñas luces que se prendían y se apagaban rápidamente. Al acercarse a ellas se dio cuenta de que se trataba de un extraño animal.

—No te asustes, me llamo Búho y sé para donde vas. Lo único que puedes hacer para poder llegar hasta el Sol, es evitar quedarte dormido y llevar estos cuatro polluelos míos, que aunque son muy pequeños te ayudarán en lo que tú les pidas. Cuando llegues allá, sabrás qué hacer con ellos —dijo la misteriosa ave al tiempo que voló perdiéndose en la oscuridad.

Así lo hizo el niño; entusiasmado por llegar hasta el Sol, caminó sin descansar un minuto. El trueno no entendía por qué el niño no se asustaba con los fuertes rayos que le lanzaba. Los polluelos, por su parte, producían unos extraños ruidos, que poco a poco fue entendiendo el niño.

Cuando ya estaban cerca del Sol, los cuatro búhos salieron volando, y el niño pensó que ya no los vería más. En realidad, los pájaros se habían metido debajo de la esfera luminosa; al poco tiempo, la pequeña luz se había convertido en una gran bola brillante, que salía detrás del gran río, empujada por los cuatro polluelos. La luz era un hermoso sol, que hizo que los truenos dejaran de sonar y los rayos se fueran a esconder detrás de la luna. Lo que antes era oscuro ahora estaba claro. Comenzaron entonces a crecer las plantas y a formarse los ríos y los cuatro polluelos poblaron la selva con muchos animales y más tarde anunciaron con su canto la llegada de los hombres y las mujeres.

Historia del arco iris

Mito kamsá

H abía un hombre que tenía dos hijas de extraordinaria belleza, pero la mayor era la que más admiración despertaba. Un día, los padres se fueron a visitar a un pariente, dejando a las muchachas encargadas de las labores de la casa. Después de hacer todos los oficios, las hermanas se sentaron en sus hamacas a oír a los pájaros cantar y a ver a los animales asolearse. De pronto, escucharon una hermosa música que se acercaba lentamente.

—¿Quién será el que toca tan bella melodía? —preguntó la mayor de las hermanas.

Al poco rato, del bosque salió un hermoso joven que tocaba una flauta de oro; en su cabeza llevaba una manta que no le permitía ver el cabello. Al ver a las dos hermosas mujeres, se detuvo frente a ellas y continuó con su música misteriosa. La mayor inmediatamente se enamoró de aquel joven y lo invitó a entrar en la casa. La otra, le recordó las advertencias de sus padres, de no dejar entrar a nadie mientras ellos estaban fuera. El músico guardó su flauta y entró.

—¿Por qué llevas esa manta en la cabeza? —preguntó la mayor.

—Es un secreto que no puedo revelar a nadie —respondió el joven.

La hermana mayor trajo una olla grande con chicha. Comenzaron a tomar grandes totumadas; el muchacho que no era muy experto en tomar esta bebida, muy pronto comenzó a dormirse. La mujer, que estaba ansiosa por conocer el secreto de su cabeza, esperó a que él estuviera bien dormido para quitarle el manto. Mientras tanto, la menor, que era más obediente, corrió en busca de sus padres para contarles lo que había pasado.

Sin perder tiempo, la hermana mayor comenzó a desatar el velo de la cabeza del muchacho, pero apenas descubrió una parte de su pelo, un gran resplandor invadió el lugar y el cuerpo del joven músico se convirtió en una columna de siete colores, al igual que el de la bella mujer. Cuando llegaron los padres con la hermana menor, ya no había nadie, sólo un arco iris gigantesco que se perdía lentamente por el río.

Namón, El hombre que robó el fuego al sol

Mito cuibo

Al principio de la civilización, los indígenas no conocían el fuego: comían sus alimentos crudos y no podían evitar el frío en el calor de una hoguera. Muchas veces habían visto cómo se prendían los árboles con los rayos de las grandes tempestades pero, temerosos del castigo de los dioses, nunca se acercaron a ese fuego.

Un día, un joven llamado Namón decidió ir hasta el sol y robarle un poco de su luz.

—Para que puedas cumplir con tu misión, debes estar alerta de las trampas que pone el sol —le dijo el pájaro carpintero.

—¡Antes que nada, debes llevar dos palitos de matapán y traerlos encendidos! —exclamó el morrocoy.

Una noche, Namón partió a cumplir con su difícil misión. Se despidió, de toda la tribu, preparó su arco y flechas, empacó sus alimentos y por último guardó muy bien los dos palitos de matapán en una de sus bolsas. Toda la noche caminó sin descansar un instante; a la mañana siguiente, los cantos de extraños pájaros, le indicaban que estaba en tierras lejanas; aunque el sueño lo vencía, hacía todo tipo de esfuerzos para no dormir, pues algo presentía; el enmarañado bosque era cada vez más dificil de cruzar y Namón solamente se guiaba por el sonido del río. De pronto, en medio de la selva, escuchó una tenebrosa risa.

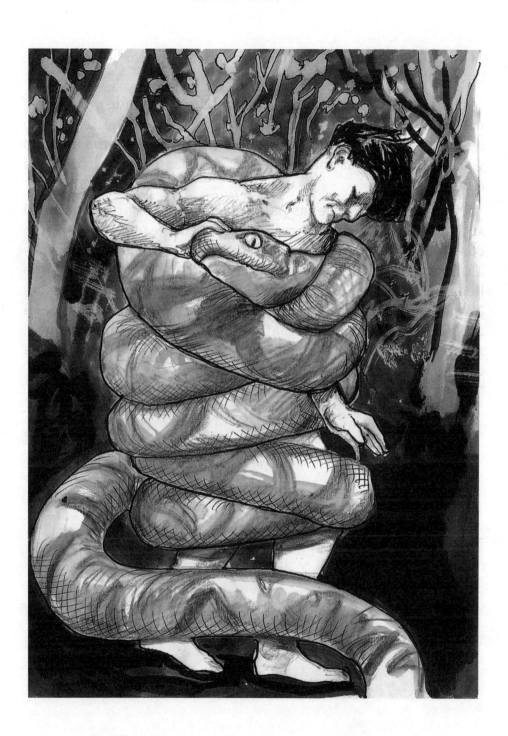

—¡Ja, ja, ja, hasta aquí has llegado Namón. No permitiré que lleves el fuego a tu tribu.

Namón miró para todas partes y no supo de dónde provenía la voz que escuchaba. Pero fuera lo que fuera, no permitiría que lo detuviera en su camino. De repente, los árboles se fueron uniendo y sus ramas y hojas formaron una inmensa red que lo cercaba lentamente.

Namón se acordó de las palabras del pájaro carpintero, sacó su flecha más gruesa y amarrándole un lazo que tejió rápidamente con finas hojas y fuertes raíces, la disparó hacia el árbol más alto, subió por la cuerda con una agilidad de tigre y justo cuando llegó a la copa del árbol, la red se cerró fuertemente. Entonces Namón sacó los dos palitos de matapán y bajó lentamente del árbol, porque los palos de matapán le sirvieron de alas. Namón, sorprendido de lo que había hecho, no se dio cuenta de que había caído en el territorio de las grandes boas.

Las boas, sin darle tiempo de reaccionar, lo atraparon. Una de ellas lo agarró por el cuello, tratando de estrangularlo. Namón, alcanzó a sacar su afilado cuchillo de piedra y lo clavó en el cuerpo de la gigantesca boa que se retorció de dolor. Al ver a su compañera muerta, las otras culebras nuevamente se abalanzaron sobre él. Rápidamente, sacó sus flechas y las disparó contra un gigantesco árbol, formando una serie de escalones por los que trepó velozmente.

Cuando Namón miró hacia el horizonte, una hermosa llanura dejaba ver al esplendoroso sol, que salía como del fondo de la tierra. Entonces sacó los dos palos de matapán, los expuso a la luz, esperó un buen rato y de pronto, una llamita apareció súbitamente en uno de los dos palos; Namón sopló y frotó el palito y otra vez apareció la llama. Había logrado robarle un poco de fuego al sol.

De regreso a su aldea, corrió tan rápidamente que ni las boas, ni el bosque enmarañado lo pudieron atrapar. Cuando llegó a su tribu, mostró a todos lo que había conseguido. Desde ese día, el frío fue dominado gracias al fuego de Namón.

El origen de las lluvias

Mito witoto

Los hombres, cansados del sol, no sabían qué hacer para que cayera agua sobre sus chagras. Un día, Bigidima se encontraba recogiendo agua para regar su sembrado de yuca y chontaduro cuando, de pronto, saltó un gran pez de las profundidades del río, que lo asustó mucho; enfurecido, Bigidima sacó su lanza y la arrojó con toda su fuerza, pero la punta de la lanza sólo alcanzo el fuerte cuello del animal. Inmediatamente, el pez sopló con tal fuerza que el agua que tomó salió por la herida y cayó en forma de lluvia.

Desde entonces se sabe que siempre que hay lluvias, el delfín del río está soplando por el orificio que le hizo la lanza del airado Bigidima.

Historia de Momobi

Mito sikuani

Hace mucho tiempo, entre los sikuani, los hombres vivían separados de las mujeres. Momobi era un joven sikuani que vivía de la caza de dantas pero resultó que de un momento para otro, la jaula de su trampa comenzó a aparecer abierta y completamente vacía. Momobi decidió entonces permanecer cerca del lugar, para ver quién era el intruso que le estaba robando su cacería. Esperó un rato y notó que alguien se acercaba. Cuando cayó sobre el ladrón, se dio cuenta de que se trataba de una mujer.

—¿Eres tú la ladrona de mis dantas? —preguntó Momobi un poco nervioso.

—Perdóname, pero no sabía qué hacer para llamar tu atención. Me escapé de mi tribu y quiero que vengas conmigo —respondió la mujer.

Momobi, que hacía tiempo ya tenía edad para conseguir mujer, se enamoró de ella. Itama, que así se llamaba la mujer, le contó que de donde ella venía, sólo había mujeres y que para llegar allá, había que atravesar el mar.

—Te convertiré en garrrapata y así podrás viajar conmigo —propuso Itama.

Itama convirtió a Momobi en garrapata y luego ella misma se transformó en danta, lo puso en su oreja y así viajaron durante mucho tiempo, hasta que llegaron a unas tierras desconocidas. Como estaban muy hambrientos buscaron algo qué comer y, sin darse cuenta, arrancaron piñas, chontaduros y otros frutos de la chagra del jefe de la tribu de la región.

Cuando el jefe se dio cuenta, mandó a capturar a la danta. Los hombres de la tribu hicieron una trampa cavando un hueco, clavaron unas estacas en el fondo y cubrieron todo con hojas. Fue así como Itama, convertida en danta, cayó en ella y murió al instante. Momobi, que aún estaba convertido en garrapata, no sabía qué hacer. Caminó y caminó hasta que llegó a la vivienda del jefe de la tribu. Entonces se metió por un huequito de la maloca y encontró a la hija del cacique cosiendo una canasta con un bejuco de catumare. La pequeña garrapata se posó en el hombro de la mujer y le contó toda su historia. Ella, que no sabía cómo hacer para volverlo hombre, le prometió que no contaría a nadie lo sucedido y que lo dejaría vivir allí para siempre.

Yuruparí

Mito del Amazonas

Hace mucho tiempo, el sol se enamoró de una bella mujer. Poco después nació el hijo de esa unión, que recibió el nombre de Yuruparí. Con el paso del tiempo el niño fue separado de su madre por los Payés o sabios, y fue así como creció entre ellos aprendiendo los ritos más importantes. Cuando llegó a ser hombre volvió a su tribu y se convirtió en jefe, al recibir una piedra cilíndrica, símbolo de su poder. Desde entonces, Yuruparí comenzó su labor civilizadora organizando la comunidad y asignando las tareas de hombres y mujeres.

Cuando Yuruparí se reunía con el pueblo, encabezaba todos los ritos, pero las mujeres no tenían derecho de conocer los secretos de cada ceremonia. Un día, las mujeres desobedecieron y fueron en secreto a ver el rito. Yuruparí se dio cuenta y las castigó duramente y, para evitar más intromisiones, se encerró en una casa de piedra que él mismo construyó.

Desde ese momento, Yuruparí castigó fuertemente a los hombres por la desobediencia de las mujeres. Por eso, los hombres se reunieron y decidieron matarlo, quemándolo con hojas secas de Ingá, lo único que le podía hacer daño.

De los restos de Yuruparí comenzaron a nacer espíritus malignos y animales venenosos. Entonces, los hombres decidieron hacer flautas con los huesos. Así, los hombres aprendieron a hacer instrumentos que sólo podían tocar ellos. Pero un día, las mujeres

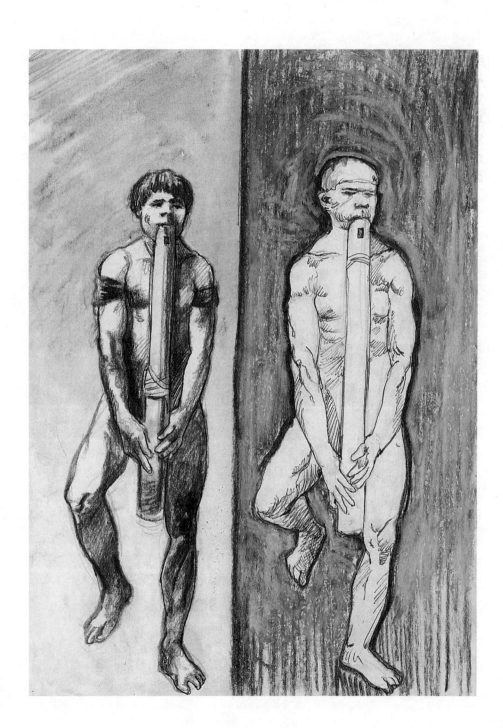

se apoderaron de los instrumentos y aprendieron a tocarlos. Fue así como tomaron el poder, y los hombres tuvieron que trabajar y sufrir la menstruación. Entonces Yuruparí, al darse cuenta, regresó al mundo de los vivos para castigar a las mujeres, devolviéndoles a los hombres el poder y los instrumentos y a ellas la menstruación. De esa manera todo volvió a la normalidad hasta el día de hoy.

Munuani, el rey de los pescados

Leyenda sikuani

Kuntu era un anciano que pertenecía a la tribu Sikuani. Vivía en las márgenes del río Vichada, solo y abandonado por su tribu, pues como ya estaba muy viejo, pensaban que él no servía para nada. Acostumbrado a vivir solo, hizo una cabaña pequeña, en un hermoso valle y ahí esperaba pasar sus últimos días. Mientras tanto, en el pueblo algo estaba pasando: Munuani, el rey de los pescados, había aparecido.

Munuani no permitía que nadie pescara. Gracias a sus poderes, se aparecía a los pescadores en forma de canoa, de hombre gigante o de pez. Llevaba consigo un arco con flechas pequeñas que nunca fallaban. Los habitantes de las comunidades ribereñas vivían muy preocupados, pues sin pescados sus niños no iban a sobrevivir.

Kuntu se dio cuenta de lo que estaba pasando y pensó que ésta era la oportunidad para demostrar que todavía servía para algo. Tomó su canoa y su lanza y se dispuso a navegar por el río; Munuani, que vivía en las profundidades, vio la sombra de la embarcación y nadó velozmente hasta un recodo del río; allí salió y se sentó en un tronco viejo; cuando el anciano pasó con su canoa, Munuani se convirtió en pez y se lanzó de nuevo al agua.

—Ya picó algo, y parece que es de buen tamaño —exclamó el solitario anciano. Cuando sacó la lanza, vio que había capturado a un hermoso y gran pescado.

Cuando el anciano le retiró la lanza, el pez se convirtió en un hombre.

—¡Ja! Creíste que era un pescado, pero soy Munuani y yo soy el que te ha pescado para mi comida —exclamó el extraño hombre que llevaba la cara cubierta con un espeso pelambre. El anciano, que en su juventud había sido un experto nadador, se lanzó rápidamente al río. Munuani, que no esperaba esta reacción, pensó que el anciano se ahogaría rápidamente. Kuntu nadó y nadó apresuradamente, metiéndose por cuanta cueva había, hasta que llegó a un lugar extraño en el que podía respirar tranquilamente; allí se escondió y esperó para descansar un poco.

De pronto, sintió ruidos y por una de las entradas de la cueva, apareció Munuani convertido en pez. Allí se convirtió otra vez en el hombre extraño, se sentó en una roca y comenzó a frotarse las rodillas.

—Tengo que atrapar a ese anciano impertinente para devorármelo. No sé cómo se pudo escapar —exclamó el hombre, sin darse cuenta de que el viejo lo estaba escuchando.

Kuntu se quedó mirándolo fijamente, y descubrió que Munuani; no tenía los ojos en la cara sino en las rodillas; por eso se frotaba tanto. Silenciosamente fue saliendo de ese lugar hasta la superficie, buscó su cabaña, y allí afiló su lanza preferida, construyó una pequeña canoa y esperó impaciente el nuevo día.

Kuntu salió muy temprano. Cuando Munuani vio la sombra de la canoa, se lanzó apresuradamente sobre ella, pues sabía que ahí iba el viejo que lo había burlado el día anterior. Con sus fuertes manos volteó la canoa y el viejo, que estaba preparado, no soltó su lanza.

—No hace falta una de mis flechas para matarte —exclamó enfurecido Munuani.

—Entonces, si puedes ven por mí —respondió sarcásticamente Kuntu.

Munuani se lanzó rápidamente hacia el viejo, que lo esperaba con su afilada lanza. Sin darse cuenta de ella y sin saber que Kuntu conocía el secreto de sus ojos, arremetió contra él. Cuando ya vio muy de cerca al corpulento hombre, Kuntu clavó su lanza en una de sus rodillas, haciendo que Munuani perdiera las fuerzas y cayera pesadamente al río. El viejo lo arrastró hasta la orilla, lo amarró y lo llevó al poblado.

Cuando todos vieron llegar al viejo con Munuani amarrado, quedaron en silencio, avergonzados por haberlo expulsado de la comunidad. Entonces rindieron homenaje a Kuntu por haberlos librado de Munuani, el rey de los pescados.

Dinari

Leyenda

Dinari era una bella mujer que no soportaba que en su tribu las mujeres tuvieran que permanecer encerradas durante años en espera de que un hombre se casara con ellas. Por eso escapó hacia la selva. Allí fue encontrada por el jefe de los pájaros yacamares, que se había convertido en hombre. Apenas se vieron, el amor nació entre ellos; el jefe de los yacamares la convirtió en pájaro y se casaron. Cuando ella sintió que iba a tener hijos, le rogó al jefe que la transformara en mujer nuevamente, pues no quería que sus hijos fuesen polluelos.

Dinari tuvo dos hijos a los cuales visitaba el yacamar convertido en hombre. Un día en que Dinari había salido, los niños salieron a jugar con sus arcos y flechas; encontraron en el camino muchos pájaros yacamares y decidieron cazarlos; cuando Dinari regresó, se dio cuenta de que sus hijos habían matado a su propio padre y a muchos yacamares más. Lloró amargamente, pero comprendió que los niños no habían tenido la culpa, porque ellos no sabían que su verdadero padre era un pájaro yacamar.

Yrapuru

Leyenda del Amazonas

Cuando llegó la bonanza del caucho a toda la selva amazónica, gentes de todas partes de Colombia buscaron un lugar para vivir y colonizar tierras. Entre las familias que arribaron, llegó una que se acomodó en las márgenes del río Amazonas. Tenían un hijo que, aunque pasaba el tiempo no crecía. Rápidamente fue conocido por todos los indígenas de la región con el nombre de Yrapuru. Un día la familia tuvo que volver a la ciudad, pero el espíritu de Yrapuru permaneció entre los indígenas y colonos, convertido en duende.

El duende Yrapuru era una de las pocas diversiones que tenían los habitantes de esta región, porque la mayor parte del tiempo vivían aterrorizados por Boiuna, una gran serpiente que destruía las piraguas, destechaba las malocas, espantaba a los animales y acababa con todo lo que se le cruzaba en su camino.

Una mañana, en la que los niños jugaban y reían al ritmo de la armoniosa voz de Yrapuru, el ruido de un extraño silbido se hizo presente en el lugar. Los animales, que acostumbraban a oír atentos las melodías del duendecillo, salieron despavoridos buscando un lugar en dónde refugiarse; las mujeres cogieron a sus hijos y los metieron en sus ranchos; los hombres se armaron de machetes y palos y esperaron impacientes. El único que no se movió del lugar fue Yrapuru. Al oír las canciones del duende, la gigantesca serpiente se detuvo y comenzó a hacer un ruido

superior al del duende. Encolerizada Boiuna porque Yrapuru iba aumentando también el tono de su canto, se convirtió en un águila feroz, voló muy alto, miró hacia donde estaba su enemigo y se le arrojó en picada, estrellándose aparatosamente contra el suelo, donde quedó enterrada, pues no sabía que Yrapuru era sólo un duendecillo.

Los habitantes del poblado, que estaban viendo el enfrentamiento, rieron al ver al águila clavada en el suelo. Esto puso más bravo a Boiuna, que se convirtió en armadillo y salió por otro lado, esperando sorprender a Yrapuru. El duende dio un salto y cayó sobre el pesado caparazón del armadillo que de tanto dar vueltas por librarse de su jinete, cayó al suelo mareado. Furioso, Boiuna se convirtió en todo lo que pudo, hasta en las figuras más monstruosas, pero como ya nadie se asustaba y el duendecillo reía a carcajadas, volvía siempre a su figura normal, de gran culebra.

—¡Ya no nos asustas Boiuna, no tienes nada qué hacer en estas tierras! Es mejor que te marches a otro lugar en donde no te conozcan —le gritaba Yrapuru, moviéndose de un árbol a otro.

La gran serpiente, al verse perdida, se metió lentamente al agua. Los animales y los hombres, al ver el triunfo del duendecillo, corrieron a la orilla del río gritando:

—¡Adiós, adiós Boiuna, ya no nos asustas, el duendecillo te ha vencido, adiós!

Bengatu

Leyenda siona

Bengatu era un joven siona. Como ya casi iba a ser hombre, tenía que demostrarlo con una proeza; si la cumplía, obtendría el derecho a elegir esposa, tomar una chagra y formar un hogar. Una mañana soleada se despidió de toda la comunidad, pues partía a enfrentar a la serpiente Boiuna, que era la diosa de las aguas. Boiuna había aparecido para vengarse de los hombres por tumbar los grandes árboles y por acabar con los seringales. Siempre llegaba, cuando la manigua estaba en calma, con un silbido penetrante que hacía que los habitantes de estas regiones corrieran a esconderse en sus casas y malocas. Pero para Bengatu esto no era preocupante y por el contrario, hacía que su esfuerzo se acrecentara mucho más. Su abuelo, que era un sabio Payé, le había dicho antes de partir:

—Si ves a Boiuna, trata de subirte en su lomo y refriégale en sus ojos esta hoja de mandioca que ha sido preparada solamente para ti. Pero no creas nada de lo que te haga ver.

Como ya estaba próximo al lugar en donde Boiuna salía con más frecuencia, Bengatu se preparó adecuadamente. Agazapado detrás de los arbustos, metió las hojas de mandioca entre sus ropas y esperó a escuchar el silbido penetrante. Así estuvo durante mucho tiempo sin moverse, quieto como una pantera al acecho de su presa. De pronto, oyó un ruido semejante al de una nave que surcara las aguas del río.

"Es extraño, nunca hay barcos en horas de la noche, por estos lados", pensó Bengatu sin impacientarse. De pronto, en el recodo del río, apareció una misteriosa nave, con un aspecto terrorífico. Los mástiles, los palos y todo lo demás, estaba construido con huesos humanos y en el palo de la proa, sonreía una calavera. Los pájaros huyeron de sus nidos en bandadas, el ruido ensorde-cedor de los árboles se confundía con el del trote de los despa-voridos animales, que abandonaban sus guaridas. Bengatu, que era un joven valiente no se dejaba invadir por el miedo.

"No creas en lo que te hace ver Boiuna", recordó, y cuando la embarcación pasó frente a él, se arrojó encima de ella; tal como el anciano lo había dicho, no era más que una ilusión creada por los poderes de Boiuna.

Como la serpiente era tan larga y pesada, sus movimientos en el agua eran muy lentos, lo que hacía más fácil el trabajo del valiente joven. Con fuerza se agarró de su escamada piel, no sin antes haber sido golpeado varias veces, zambulléndose en cada coleteazo casi hasta el fondo del río.

Haciendo sus últimos esfuerzos, Bengatu trepó hasta la cabeza de la serpiente, sacó las hojas de mandioca y las frotó en sus ojos, al tiempo que se arrojaba al río para alcanzar la orilla. Desde allí, pudo ver los violentos coletazos que Boiuna daba al agua, levantando oleadas que parecían que fueran a desocupar el río, hasta que su pesado cuerpo fue sumergiéndose como un gran barco que hubiera naufragado. Esperó hasta que la última burbuja desapareciera y marchó satisfecho hacia su aldea.

Cuando llegó a la aldea, Bengatu, emocionado por haber cumplido su proeza, gritó:

—¡He vencido a Boiuna, he vencido a Boiuna!

Los hombres, las mujeres y los niños, corrieron a felicitar al joven héroe. Fue premiado con la chagra más fértil de la aldea y pudo escoger como esposa a la joven más hermosa de la tribu, porque desde ese día la selva se había librado del peligro de Boiuna.

MITOS Y LEYENDAS
DE LA
ZONA PACÍFICA

Pilcuán, el guerrero valiente

Mito de los imúes

Hace muchos años los hombres vivían muy contentos, pues no había ninguna clase de preocupaciones; los niños estaban sanos, los campos producían abundantes cosechas y hacía muchos años no se habían vuelto a usar armas de guerra. En ese entonces si alguien se moría era de puro viejo. Pero un día cambiaron las cosas... un indio bajó corriendo de las montañas y cayó muerto en la puerta de la cabaña del jefe de los imúes. Todos los hombres corrieron a ver qué le había pasado a su compañero, pero no encontraron ninguna herida, ni golpe que indicara la causa de la muerte. Lo extraño fue que así continuó pasando y los indios fueron apareciendo muertos uno tras otro.

—Nuestro pueblo ha llegado a su fin —dijo el jefe de los imúes que veía cómo se mermaba su población poco a poco.

—Yo lo evitaré, gran jefe —exclamó una voz gruesa y segura. Era Pilcuán, que en tiempos de guerra se había caracterizado por su valentía y arrogancia.

—Yo acabaré con lo que está matando a nuestra gente —continuó Pilcuán, mientras todos lo aplaudían con fuerza y esperanza. Sin embargo, también sabían que el guerrero no podía hacer mucho, porque el enemigo parecía superior, y además Pilcuán ya estaba un poco viejo.

El jefe de los imúes, que sabía de la valentía de Pilcuán, aceptó que fuera él quien se enfrentara al extraño peligro, y para demostrarle su confianza le dio un arma secreta que tenía guardada y que sólo debía ser utilizada en un caso como este.

Pilcuán tomó el arma secreta y una mañana se encaminó hacia el lugar de donde venían los muertos. Escaló las empinadas montañas y desde la cima vio la causa de la tragedia: era un monstruo gigantesco con grandes colmillos y un cuerpo escamado, que desprendía un olor pestilente y mortal.

Pilcuán se tapó la nariz y se abalanzó contra el gran monstruo desenfundando el arma secreta. El animal al ver esta minúscula figura lanzó unos terroríficos alaridos que retumbaron como un trueno. Pilcuán, ágil como un felino, clavó su arma en la larga cola de la bestia que, enfurecida, comenzó a dar azotes y uno de ellos fue a dar sobre el cuerpo del guerrero. Éste rodó aparatosamente por el valle. Tendido en el suelo, pensaba en la promesa de liberar a su pueblo y con su extraordinaria arma se levantó y la clavó una y mil veces en el cuerpo escamoso de la bestia que igualmente daba coletazos en el cuerpo del valiente hombre.

En lo alto de la montaña, los imúes veían cómo combatían los dos enemigos y sin poder hacer nada, esperaban que fuera Pilcuán el gran vencedor. Mucho tiempo duró la gran batalla, hasta que el monstruo cayó pesadamente en medio de estruendosos gruñidos. Pilcuán, herido de muerte, levantó el arma en señal de victoria y cayó lentamente, cerca del animal vencido. Los hombres corrieron a socorrerlo, pero ya era demasiado tarde, el héroe ya estaba muerto.

No hubo tristeza por su muerte, porque era así como Pilcuán quería morir. Hicieron una gran fiesta de despedida y el lugar recibió el nombre de Valle de Pilcuán. La bestia fue dejada en el lugar en que cayó, como trofeo al coraje del más valiente de los guerreros.

Talag y Almag

Mito de los imúes

Esta historia ocurrió en Pangán, tierra de los imúes. Vivía allí una hermosa princesa, hija del jefe de la tribu. Como ya era tiempo de contraer matrimonio, escogió como pretendientes a dos de los más valientes hombres de la tribu, Talag y Almag. Talag era violento y quería conquistar a la hermosa Silamag demostrando el poder que tenía. Almag, en cambio, era calmado y bondadoso, y mostró gran afecto y ternura por la princesa. Fue así como logró que Silamag se enamorara de él; como todavía no se podía saber de su amor, los enamorados escogieron un lugar secreto para encontrarse. Talag, al darse cuenta, de la elección de la princesa, decidió vengarse.

La costumbre entre los imúes decía que la princesa podía elegir a su esposo, pero en caso de que hubiera más de un pretendiente, sería el padre el que decidiría cuál sería el futuro jefe. Por esta razón no podían decir nada sobre su amor. Un día en que los amantes decidieron verse en el lago sagrado de Guaramag, Talag los esperó agazapado detrás de una piedra. Cuando aparecieron los enamorados, Talag se arrojó velozmente sobre el cuerpo desarmado de Almag y lo golpeó con una piedra. El inclemente Talag lo remató con un golpe en la cabeza y una puñalada en el corazón y después de arrojarlo al lago, miró triunfante a la bella Silamag, que lloraba desesperadamente. La hermosa mujer, que no soportó tal angustia, corrió a las aguas del profundo lago dejándose ahogar sin que el temerario Talag pudiera hacer nada.

Cuando cayó la noche, todos los imúes se impacientaron por la desaparición de la princesa y sus dos pretendientes. Al ver que no llegaban, salieron a buscarlos por todo el territorio, hasta que llegaron al lago Guaramag. La calma parecía indicar que todo estaba bien pero, de pronto, la voz de uno de los hombres les hizo volverse al lago.

—¡Miren ahí... en el centro del lago! —todos corrieron para ver lo que señalaba. Dos hermosas fuentes se erguían en el centro del agua y se entrelazaban formando un arco gigantesco. En un rincón del valle, Talag miraba con rabia y celos cómo, ni en la misma muerte, había podido separar a Almag de su bella princesa.

Cambutes, el joven que dominó las nubes

Mito de los imúes

Hubo hace mucho tiempo, entre los imúes, una gran sequía. Todos los cultivos se secaron, los animales comenzaron a morir y los niños a enfermarse. Los ancianos sabios por más que rezaban y aplicaban todos sus poderes, no lograban que lloviera tan solo un poco. Entonces, el jefe ordenó:

—Como nuestro pueblo se está muriendo por la sequía y los sabios no encuentran la fórmula para que la lluvia refresque nuestra tierra, he decidido otorgarle el reino a aquel que logre traer la lluvia.

Inmediatamente todos los jóvenes ilusionados pensaron en lo que iban a hacer como jefes de la tribu. A la mañana siguiente, todos partieron en medio de risas y alegrías. El único que no podía ir era el tímido Cambutes: todos decían que era medio tonto porque no hablaba con nadie y era muy solitario. Después de algunos días comenzaron a regresar los que primero habían partido, con caras tristes y acongojadas. Al cabo de pocas semanas ya todos habían vuelto y la sequía se hacía cada vez más fuerte.

—¡Yo seré el próximo que parta! —exclamó Cambutes. Todos lo miraron asombrados y algunos hasta se burlaron de él.

Pero Cambutes no prestó atención a las burlas y una noche salió en busca de la nube. Nadie lo despidió y sólo se dieron cuenta de que el joven no estaba a la mañana siguiente en que alguien comentó que había visto perderse a Cambutes en las vegas del Guáitara.

Así pasaron los días y ya nadie se acordaba de Cambutes. Pero un día en que estaba todo el poblado reunido, una pequeña nubecilla fue apareciendo allá a lo lejos. Lentamente aumentaba su tamaño a medida que se acercaba al pueblo. Todos pensaron que era un milagro, pero de repente apareció la figura de una persona abajo en el valle que hacía señales con su mano a la gran nube.

—¡Es Cambutes! —gritaron en coro los niños. Cuando Cambutes llegó a la entrada del pueblo, todos los hombres y jóvenes se miraron avergonzados por no haber creído en él. Cambutes condujo con señales a la nube hasta donde estaban los sembrados y al poco rato una fresca lluvia se dejó caer en todo el pueblo.

Cambutes no pidió nada a cambio y desde ese día todos los imúes lo admiraron y respetaron. Como recordatorio, llamaron en su honor a la montaña más alta de la comarca.

El secreto del fuego

Mito Catío

Al principio, la única que tenía el secreto del fuego era la iguana Himo pero ella no lo compartía con nadie. Los indios cocían y calentaban sus comidas al sol, pero éstas no quedaban bien preparadas y por las noches dormían atemorizados y sentían mucho frío, pues no tenían con qué calentarse.

Un día, Karayabi, un astuto guerrero, salió a pescar y se encontró con Himo, que estaba asando un rico pescado. Himo invitó a Karayabi y éste quedó fascinado con el sabor de la comida. Pero cuando terminaron, Himo apagó el fuego y partió rápidamente. Karayabi volvió al poblado y contó lo sucedido a sus compañeros.

—¡Hay que capturar a la iguana Himo, para que nos muestre el secreto del fuego! —exclamó Karayabi a todo el poblado.

Himo no volvió a aparecer por ningún lado. Pero un día Karayabi, que todos los días salía a buscarla, olió el sabroso aroma del pescado asado y guiándose por él, logró llegar a la cueva de la iguana; la entrada era muy pequeña. Entonces Karayabi, que podía transformarse en lo que quisiera, se convirtió en iguana y se metió en la cueva. Aunque la entrada era pequeñita, el interior era gigantesco. Karayabi quedó sorprendido al ver miles y miles de palitos prendidos y repartidos a lo largo de la cueva.

"Con razón nunca se le acaba el fuego a Himo" pensó Karayabi.

Al ver a su hermano, Himo le invitó a comer pescado asado. Karayabi comió y cuando estuvo satisfecho, le dijo a Himo que le obsequiara un palito para llevar a su propia cueva. Himo, que no sospechaba nada, le entregó varios y Karayabi partió rápidamente para su tribu.

Desde ese día, los hombres tienen fuego y la iguana sigue creyendo que sólo ella puede comer pescado asado.

La historia de Llivan

Mito de los paeces

Cuentan los indios paeces que hace mucho tiempo, los jóvenes arrojaron de la comunidad a los ancianos porque, según ellos, no hacían nada. Los viejos, sin más alternativa, marcharon hacia el lugar que les indicaba Llivan, el único joven que se había opuesto a la expulsión de los ancianos. Llegaron a un valle, cerca de un hermoso río, construyeron un bello poblado, en donde todos los viejitos trabajaron para construir sus malocas y chagras. Llivan era el encargado de cortar la madera, pescar y cultivar, haciéndolo como lo recomendaban los viejos. Muy pronto se convirtió en un lugar sereno y próspero.

Mientras tanto, en el pueblo de los jóvenes habían comenzado los problemas: todos querían ser gobernantes, nadie quería trabajar y comenzaron a aburrirse, porque no había quién contara historias al anochecer, ni quién organizara celebraciones ni fiestas. Cuando alguien enfermaba, moría sin remedio, porque nadie conocía el secreto de las plantas curativas.

En el pueblo de los ancianos, Llivan estaba listo para tomar una esposa. Entonces, pidió permiso para que le permitieran buscar una mujer en el pueblo de los jóvenes; los ancianos no se opusieron y le advirtieron que tuviera mucho cuidado, pues los jóvenes lo consideraban un traidor. Llivan marchó una mañana sin prestar mucha atención a las palabras de los ancianos. Llegó al territorio de los jóvenes, quienes lo apresaron inmediatamente. Allí pudo darse cuenta de que cinco muchachos habían tomado el mando de la población y tenían como esclavos a todos los demás.

Esa noche, antes del sacrificio a que iba a ser sometido Llivan, los jefes hicieron una gran fiesta y como ocurría todas las noches, se emborracharon con chicha. Llivan había sido atado en el centro de la aldea y permanecia vigilado por una bella indígena, que no hacía otra cosa que mirarlo.

—Ayúdame a escapar y te salvaré —le decía Llivan a su bella centinela.

Como ya todo el poblado estaba aburrido por el mandato de los tiranos, la bella muchacha soltó a Llivan y entre los dos convencieron a todo el pueblo de castigar a los cinco gobernantes. Los jóvenes entonces fueron a pedir perdón a los ancianos. Cuando los tiranos se levantaron al otro día, no encontraron a nadie que los atendiera, tal como estaban acostumbrados. Descubrieron que sus cuerpos estaban desnudos y salieron furiosos a castigar a quienes les habían humillado, pero cuando miraron a su alrededor, todos los hombres y mujeres, viejos y jóvenes, los esperaban con una hoja de pringamosa en la mano. Llivan les ordenó que caminaran en medio de sus antiguos sivientes y cada uno les castigó con la pringamosa. Desde entonces, todo volvió a la normalidad y los ancianos gobernaron como era la costumbre.

Chautec y la lluvia

Mito de los paeces

Al principio, el agua se estaba acabando porque Chautec, un hombre gigantesco, se había bebido toda el agua de los ríos y había empezado a recoger toda la lluvia en su gran boca. A medida que tomaba agua, su cuerpo iba creciendo más y más. Cuando los demás hombres le pedían un poco de agua, Chautec se enfurecía y arrojaba rayos por sus ojos. Nadie podía arrebatarle siquiera una gota de agua a Chautec.

El pájaro carpintero al ver que nadie podía tomar agua, decidió enfrentarse a tan gigantesco enemigo. En las noches, Chautec acostumbraba dormir profundamente con su boca abierta, por si llovía mientras él dormía. El pájaro carpintero aprovechó que su sueño era muy pesado, para intentar robarle un poco de agua. Voló lo más alto que pudo y se dejó caer con fuerza para estrellarse en la panza del gigante. Pero lo único que logró fue abrir el ombligo de Chautec. Desde allí salía un chorrito, que los hombres aprovecharon para llenar vasijas, regar las matas y darle de beber a los animales.

Tan pronto amaneció, Chautec se levantó y al ver que de su panza salía agua, tapó el agujero con una mano y, furioso, comenzó a lanzar rayos por todas partes ahuyentando a los hombres y los animales, que huyeron en busca de un lugar para esconderse.

El pájaro carpintero estaba decidido a acabar con Chautec. Llamó a todos sus hermanos y les propuso un plan. Al caer la noche y mientras Chautec estaba descansando, todos los pájaros carpinteros se pusieron en fila, con sus agudos picos bien erguidos. Pero antes, habían hecho que todos los hombres con sus familias y animales marcharan hacia lo alto de las montañas.

Cuando estuvieron listos, todos los pájaros carpinteros se lanzaron sobre Chautec y entonces una gran explosión sacudió la tierra; el gigante voló en mil pedazos y el agua comenzó a rodar por todas partes, formándose el mar y todos los ríos. Algunos pájaros carpinteros cayeron al agua, dando origen a todas las variedades de peces. Los hombres bajaron de las montañas con sus familias y animales, habitaron en los valles y vivieron muy agradecidos de la valentía gran pájaro carpintero.

El origen del oro

Al principio, los habitantes del Pacífico vivían aburridos porque el Sol cubría casi todo su territorio. El calor era insoportable y todo era un gran desierto.

—Voy a acabar con este sufrimiento —dijo un día Oro, un joven muy valiente, mientras preparaba su honda y embolsaba una gran cantidad de piedras.

Marchó en busca de la loma más alta y cuando la encontró, se acomodó y comenzó a lanzarle piedras al Sol. Por cada piedra que lanzaba, caía un pedacito de Sol, que se hundía en los ríos o en la tierra. Así permaneció durante muchos días, hasta que fue reduciendo la gran bola de fuego. Detrás de ella iban apareciendo la noche, la luna, las nubes y las estrellas.

Cuando ya la gran bola quedó bastante reducida, bajó hasta su pueblo. Los habitantes agradecidos, le pusieron una corona con las piedras que habían caído del Sol. Todos decían que esas piedras eran de Oro, nombre del joven que había traído la noche y las lluvias.

Historia de los ríos

A l principio del tiempo no existían ni lagos ni ríos; sólo estaba la tierra, los hombres, algunos animales y unas pocas lluvias que apenas alcanzaban para calmar la sed y regar las plantas.

En cierta ocasión, un hombre que cultivaba su parcela encontró en la tierra un gusanillo de mil colores, que se movía graciosamente. El hombre lo alzó con cuidado y lo puso en la palma de su mano; el gusanillo jugueteaba y bailaba en la mano del hombre, que de inmediato se encariñó con él. Lo guardó cuidadosamente en su bolsillo y continuó trabajando. Cuando llegó a su aldea lo mostró a sus hijos, que no hacían otra cosa que comer y dormir, mientras su padre trabajaba de sol a sol. La familia no le prestó atención al gusanillo y el hombre, entristecido, buscó un lugar en dónde guardarlo. Llenó una totuma con agua y ahí lo metió. El gusanillo por su parte, parecía muy contento.

Al otro día, apenas amaneció, el hombre corrió a ver a su amiguito, y se encontró con una sorpresa: el gusanillo era más grande y la totuma estaba rebosada de agua. De inmediato consiguió una vasija más amplia y lo llevó al campo a trabajar con él. Cuando ya hubo pasado medio día, se dio cuenta de que la vasija nuevamente estaba repleta de agua y el gusanillo crecía cada vez más y más.

—Te voy a hacer una casa bien cómoda —dijo el hombre al gusano que se paraba y bailaba, como si entendiera lo que el hombre le decía. El hombre cavó un gran hueco, lo llenó de agua y luego metió al gusano, que ya parecía una joven culebra. En su nueva casa, el gusano se movía con mucha agilidad y cuando llegó la tarde, el hombre se despidió de su amigo y prometió no contar nada a su perezosa familia.

Al otro día, cuando llegó a mirar cómo estaba su compañero de trabajo, quedó sorprendido al ver que el pozo que había hecho estaba convertido en un gran lago y que el pequeño gusanillo era ahora una gigantesca boa. Al ver al hombre, la boa saltó de alegría, formando unas grandes olas que dejaban en tierra una gran cantidad de peces, que fueron recogidos por el hombre para llevarlos a casa. Tanto crecieron el lago y la boa, que ya era un peligro para el hombre estar cerca de su amiga, porque era tanta el agua que rodaba, que se formaban grandes ríos. Así que idearon un sistema para anunciar cada visita: antes de llegar al lugar, el labrador tocaba un tambor.

En su casa, sus hijos intrigados de dónde salía tanta comida, decidieron seguir a su padre para conocer la fuente. Cuando llegó al lugar, el anciano tocó el tambor y esperó un momento antes de seguir. Al otro día, los dos muchachos llegaron hasta el lugar y sin tocar el tambor, siguieron por donde había caminado su padre. Como no sabían de qué se trataba, no esperaron a que el agua se calmara y fueron arrasados por el caudaloso río.

El padre, al conocer la noticia, rogó a la boa que fuera a buscarlos. Ella fue abriendo caminos que, por lo profundos, se llenaron de agua, formando todos los ríos. Dicen que el anciano todavía espera en una ribera del San Juan a que la boa le devuelva a sus hijos.

El origen de las razas

Hace mucho tiempo, los hombres no tenían colores y se confundían entre sí, pero una mujer llamada Ewandama llegó y formó una gran laguna de leche; en ella todos los hombres debían bañarse. Pero no todos quisieron hacerlo al tiempo. Los primeros que se metieron encontraron la leche muy blanca y al salir de ahí surgieron los hombres de color blanco.

El segundo grupo esperó un poco, pero como la leche ya estaba un poco sucia y negruzca, los hombres que salieron de ella quedaron amarillentos, dando origen a los indios. Por último, quedó un grupo que fueron los más perezosos y no quisieron meterse rápido; como la leche ya estaba sucia por el baño de los blancos y más oscura aún por el baño de los amarillos, cuando se metieron, la leche no alcanzó sino para que se les blanquearan las palmas de las manos y de los pies, quedándoles el resto del cuerpo negro, gracias a todo el sol que recibieron mientras esperaban.

La Tunda

Leyenda Chocoana

En la población de Barbacoas, departamento de Chocó, existe la leyenda de la Tunda. Ésta es una mujer que vive en cuevas, junto a muchas alimañas y tiene el poder de convertirse en madre, novia o esposa de la víctima, a la que atrae por medio de juegos.

Cuando quiere atrapar a un hombre, lo embruja y lo sube a la copa de un árbol; allí lo alimenta con vegetales y con caldo de cangrejo. Como la persona está hechizada, no quiere abandonarla y por eso, para rescatarla, hay que ahuyentar a la Tunda con tambores, pólvora y agua bendita.

La Tunda, al verse atrapada, muerde, patea, escupe y gruñe como un marrano. En ocasiones, cuando la Tunda se aleja, un fuerte aguacero cae sobre toda la región y para aplacarlo hay que rezar la oración de Santa Bárbara:

> *Santa Bárbara, santa flor,*
> *en la cruz del salvador,*
> *cuando retumbe el trueno*
> *Santa Bárbara nos guarde,*
> *por la virtud que ella tiene,*
> *que nos libre de los rayos.*

Marcia y el mulato

Leyenda pastusa

En los años 1700 vivía en Pasto una familia de alto abolengo, cuyo mayor orgullo era su hermosa hija Marcia. La familia habitaba un caserón virreinal, en lo que era la plaza de Rumipamba. Marcia era tan bella, que sus padres la cuidaban como un tesoro, y no permitían que ningún hombre la mirara. Creían ellos que tanta hermosura no era digna sino de un gran príncipe.

Hombres acaudalados ofrecían toda su riqueza con tal de que les dieran una oportunidad de hablar con ella; pero sus padres la negaban a todos. Era tanta la protección, que una mañana decidieron encerrarla en la habitación que daba a la plazoleta. La pobre joven no podía hacer otra cosa que pasarse todo el día mirando a la plaza, en donde un joven mulato vendía hermosos ramos de flores. Él, al ver la tristeza de la bella niña, le arrojaba pequeños ramos de rosas.

Una tarde de lluvia, los truenos y relámpagos se hicieron más fuertes que nunca; asustados hombres y mujeres, sacaron sus ramos benditos y los quemaron en los patios de sus casas. Los únicos que no se movieron de sus puestos fueron la bella Marcia y el mulato de las flores. En medio de la tempestad, un fuerte relámpago iluminó todo Pasto, y por unos segundos, todo quedó iluminado como si fuera de día, y siguiendo al relámpago se escucho un estruendoso trueno, que sonó como si la tierra se estu-

MITOS Y LEYENDAS COLOMBIANOS

viera derrumbando. Después de pasada la tempestad, la gente salió a la calle para ver qué había pasado. Los padres de Marcia, fueron a ver a su hija, pero cuando entraron a la alcoba no había nadie. Desesperados buscaron por todas partes, sin encontrar un solo rastro. De la misma forma, el mulato que vendía flores en la plaza, nunca volvió a aparecer en Pasto.

Cuentan y aseguran los habitantes de Pasto, que la noche de la tempestad, cuando cayó el rayo, vieron subir hacia el cielo a la hermosa joven de la mano del mulato.